Théophile Crépon

Le Droit d'association

Essai

 Le code de la propriété intellectuelle du 1er juillet 1992 interdit en effet expressément la photocopie à usage collectif sans autorisation des ayants droit. Or, cette pratique s'est généralisée dans les établissements d'enseignement supérieur, provoquant une baisse brutale des achats de livres et de revues, au point que la possibilité même pour les auteurs de créer des œuvres nouvelles et de les faire éditer correctement est aujourd'hui menacée. En application de la loi du 11 mars 1957, il est interdit de reproduire intégralement ou partiellement le présent ouvrage, sur quelque support que ce soit, sans autorisation de l'Éditeur ou du Centre Français d'Exploitation du Droit de Copie , 20, rue Grands Augustins, 75006 Paris.

ISBN : 978-1545466681

10 9 8 7 6 5 4 3 2 1

Théophile Crépon

Le Droit d'association

Essai

Table de Matières

Introduction	**6**
Section I	**8**
Section II	**10**
Section III	**14**
Section IV	**17**
Section V	**22**
Section VI	**25**
Section VII	**32**
Section VIII	**34**
Section IX	**40**

Introduction

Que n'a-t-on pas dit et écrit pour célébrer le principe de l'association, pour en montrer les merveilleux effets dans tous les ordres des conquêtes humaines ? Variations auxquelles il faut se garder d'en ajouter de nouvelles ; elles se résument toutes dans ce simple adage, contenant en lui-même, et clairement, assez de choses pour qu'il n'y ait pas besoin de les étaler : « L'union fait la force. »

Droit d'association, droit primordial, essentiellement naturel, qui comporte nécessairement la liberté à l'origine de son exercice, sous peine d'être méconnu et violé.

La liberté, c'est ce que nous proclamons le plus haut ; c'est ce que nous savons le moins pratiquer. Le mot nous grise à ce point que souvent la chose nous manque sans que nous nous en apercevions ou, tout au moins, sans qu'on nous entende crier comme des gens qu'on dépouille ; le mot, nous l'inscrivons partout ; la chose, qu'elle est donc malaisée à rencontrer dans son expression vraie et sincère.

C'est que nous avons une habitude invétérée dont nous aurons bien du mal à guérir : celle de l'intervention des pouvoirs publics dans les actes de la vie sociale ; il semble qu'un droit n'existe véritablement qu'autant que ces pouvoirs y ont apposé leur cachet, qu'ils l'ont consacré en le réglementant ; et l'on ne s'aperçoit pas que cette réglementation a souvent pour résultat, sinon de faire disparaître le droit lui-même, tout au moins de le dénaturer et de l'amoindrir.

On pourrait croire que, par une exception heureuse et Singulière, le droit d'association ait échappé à cette ingérence de ceux qui gouvernent et de ceux qui légifèrent, puisqu'on chercherait vainement dans nos codes, pourtant si démesurément touffus, une loi qui en règle l'exercice. Ce serait une grave erreur que de voir dans ce silence et cette inaction le respect du droit lui-même ; ce n'est point l'envie qui a manqué de toucher au droit, c'est la difficulté de le faire, la délicatesse des questions à résoudre, qui ont formé le véritable obstacle devant lequel on s'est arrêté, entreprenant l'œuvre un jour pour l'abandonner le lendemain, paraissant entrer résolument dans la voie pour s'arrêter et retourner sur ses pas, parvenus à peine à moitié route.

Il semble que la solution du problème serait facile, si l'on se trouvait seulement en face d'associations philanthropiques, littéraires, artistiques ; mais il est une autre espèce d'associations : les associations religieuses, — celles des hommes *vivant en commun*, emportant, comme on dit, renonciation *aux droits qui ne sont pas dans le commerce*, — les congrégations, les moines, puisqu'il faut les appeler par leur nom.

Si l'exactitude d'une locution peut en faire pardonner la vulgarité, on se permettra de dire que c'est là ce qui met le feu aux poudres, ce qui gâte tout, ce qui crée à l'œuvre législative des difficultés presque inextricables. Derrière toutes les dispositions projetées, discutées, il y aura désormais un fantôme, un spectre que certains ne quitteront jamais des yeux, qui les hypnotisera, de telle sorte que, si l'on vote une loi sur les associations en gémirai sans distinguer entre les associations religieuses ou congrégations et les autres, on fera à ces dernières un régime vexa-foire, on les soumettra à des mesures que rien, dans leur nature, ne justifiera, on les enveloppera dans les mailles d'un filet au fond duquel on sera tout surpris de les apercevoir ; et cela, non qu'on ait, en ce qui les concerne, ni défiance, ni mauvais vouloir, mais dans la crainte du spectre, de peur d'ouvrir une brèche par laquelle l'ennemi puisse, à un instant, entrer ou sortir. Que si la loi distingue, parmi les associations, celles qui sont formées par le lien religieux, où l'on met en commun, non seulement « les connaissances ou l'activité, » mais les vies tout entières, autrement dire les congrégations, on peut être amené à créer un régime tellement exceptionnel, tellement en contradiction avec les idées de liberté, avec les principes ordinaires de droit et de justice, que ceux-là mêmes s'en inquiètent et s'en effraient qui ne trouvent en eux, à l'égard des congrégations, aucun sentiment de bienveillance.

Congrégations, monachisme, ces mots suffisent pour réveiller les passions de toutes les plus violentes, à savoir les passions religieuses. Les membres des congrégations étant, pour l'idée catholique, des instruments particulièrement actifs de propagande, il est naturel qu'ils provoquent les haines des hommes qui ne veulent voir dans toute religion qu'un foyer de fanatisme et de superstition, les terreurs des esprits toujours disposés à croire la société civile menacée par des entreprises ayant plus ou moins un parfum de moyen âge, tandis que les croyants, atteints dans leur foi par les attaques dirigées contre ceux qui figurent parmi ses principaux défenseurs, crient à l'injustice et à la persécution. Il résulte de tout cela un trouble d'autant plus mauvais et dangereux qu'il pénètre dans les régions profondes, celles de la conscience, une telle mêlée d'intérêts, d'antipathies irraisonnées, de vieilles haines se rattachant à nos secousses sociales, d'animosités sectaires, comme aussi de croyances vraies, d'affections sincères, de dévouements enthousiastes et respectables, qu'entre les ardeurs, sinon les exagérations de l'attaque, et de la défense, il devient malaisé de trouver une place d'où l'on puisse, avec quelque calme, étudier les éléments du problème et en chercher raisonnablement la solution.

Cette place, il faudra pourtant bien essayer de la faire et de s'y tenir.

Section I

On ne saurait, sans injustice, reprocher au personnel parlementaire de la troisième République d'avoir reculé devant le problème de la réglementation du droit d'association ; c'est plutôt une manière de hantise et d'obsession que l'on constate, quand on voit la question du droit d'association posée, depuis 1871, devant le Parlement, par trente-trois projets de loi, propositions, amendements et rapports.[1]

Tous ou presque tous sont dirigés contre les associations religieuses ; on y trouve entière la gamme de ce qu'on appelle les précautions prises pour en empêcher le développement et l'action, en réalité pour mettre à la place de la liberté de naître et de vivre la liberté de mourir.

C'est en s'inspirant de ces précédents que le 14 novembre 1899 M. Waldeck-Rousseau a déposé un projet de loi « relatif au contrat d'association. »

Le projet ministériel a été fortement amendé, remanié par la Commission. Dans quel sens ? Une citation du rapport de M. Trouillot, en même temps qu'elle va nous dire en résumé ce qu'on a tenté dans le passé, va aussi nous faire comprendre ce qu'on a

---
1 Rapport de M. Trouillot, qui en donne l'énumération, p. 5.

résolu dans le présent.

« Rien de variable et de compliqué, dit M. Trouillot, comme les précautions imaginées pour concilier, dans ce système, les exigences de l'ordre public avec le principe de liberté. Inspections, déclarations multipliées, limitation de la fortune mobilière et immobilière, partage des biens facultatif, réclamations d'apports, interdiction de recevoir à titre universel, interdiction de recevoir à titre gratuit, interdiction de placements en autres valeurs que des valeurs nominatives ou des rentes sur l'Etat, interdiction d'admettre des étrangers ou des mineurs, obligation de fournir l'autorisation des familles pour les admissions au-dessous de vingt-cinq ans, refus de la personnalité civile, dispositions variées pour empêcher l'interposition des personnes, droit de dissolution judiciaire ou administrative, cette longue énumération, qui comprend tout ce que les résultats de l'étude et les constatations de l'expérience ont pu suggérer à tant d'hommes éminents pour protéger, contre l'extension indéfinie de la mainmorte congréganiste, la société civile et la fortune publique, montre assez combien la solution du problème serait difficile à trouver dans cette voie. »

Ou ne saurait être historien plus exact : mais, puisque la conclusion de ce fidèle exposé est que la solution du problème m ; se peut trouver dans la voie où l'on s'était précédemment engagé, il faut se demander par quelle voie la commission dont M. Trouillot est l'organe a pu, elle, facilement aboutir au but. Une voie simple, celle-ci :

Nécessité d'une autorisation donnée par une loi, qui déterminera les conditions de Unir fonctionnement, pour les associations entre Français dont le siège ou la direction seraient fixés à l'étranger ou confiés à des étrangers, et pour les associations dont les membres vivent en commun. — Amende de 500 à 5 000 francs, emprisonnement de six jours à un an, contre les membres d'une association non pourvue de cette autorisation dans le délai de six mois (art. 11 et suiv.).

Ceci, avec les commentaires du rapport, c'est la mort avec phrases ; il faut se placer résolument en face du droit et de la justice, pour se demander si cette mort peut être prononcée.

Section I

Section II

D'abord, le droit en lui-même : le droit au point de vue abstrait, philosophique.

Je demande s'il en est un qui plonge plus avant dans les entrailles mêmes de l'être humain. Est-ce que l'homme est complet, quand il est seul ? *Væ soli* ! Est-ce que la loi de sa vie n'est pas de joindre d'autres forces à ses forces propres, de les chercher, de les demander ? Si l'on sait analyser tous les actes qu'on voit s'accomplir, on n'en trouvera, pour ainsi parler, pas un seul qui ne comporte un secours, une assistance, une association quelconque d'efforts, ou comprendra que les plus puissants en ce monde sont surtout ceux qui savent user de leurs facultés pour grouper les individus, en former des associations et s'en servir.

Le rapport de M. Jules Simon sur la proposition de loi de M. Dufaure débutait ainsi :

« L'homme est si peu de chose par lui-même qu'il ne peut faire beaucoup de bien ou beaucoup de mal qu'en s'associant. De là les jugements contradictoires dont l'association est l'objet. Les uns ne croient pas que la société puisse être en sécurité avec elle, et les autres n'admettent pas qu'on puisse se passer d'elle.

« Nous croyons qu'il n'y a pas d'armure plus solide contre l'oppression, ni d'outil plus merveilleux pour les grandes œuvres, ni de source plus féconde de consolation et de bonheur. Nous croyons d'ailleurs qu'on peut la rendre inoffensive, en l'entourant de publicité et de lumière. Les sociétés modernes m ; peuvent se passer ni de la développer, ni de la réglementer. »

Voilà assurément un grand et noble langage ; il n'y a plus qu'à souhaiter de voir les conclusions en harmonie avec ces belles prémisses.

Donc le droit d'association est, dans son essence, un droit naturel entre tous, viscéral, peut-on dire, pour tout être humain, pour toute société humaine ; comment se pourrait-il faire qu'il eût jamais été méconnu et contesté ? C'est cependant ce qui est arrivé, ainsi que nous le fait connaître, en s'en indignant d'ailleurs, le rapporteur de 1900, M. Trouillot. Après avoir exposé les facilités données aux sociétés ayant pour but le partage de bénéfices, aux intéressés de toute une région voulant entreprendre de grands travaux publics dans un intérêt industriel ou agricole, aux syndicats professionnels, syndicats de communes, sociétés de crédit agricole, sociétés de secours mutuels, il ajoute :

« Mais, quand il s'agit d'associer des intelligences, des volontés, des énergies en vue d'une action plus haute et plus généreuse, pour servir les intérêts les plus nobles de l'humanité, dans un but moral, politique, littéraire, artistique, philanthropique, scientifique, on tombe simplement sous le coup des interdictions et des sévérités du Code pénal... Tel est demeuré, à travers nos révolutions politiques et au bout de trente ans d'existence du régime républicain, le régime légal des associations dans le pays qui a proclamé les droits de l'homme et du citoyen ! Et la surprise grandit lorsque, après avoir constaté à quel point ces dispositions discordent avec l'esprit général de notre législation, ou les compare avec le régime dont bénéficie h ; droit d'association à l'étranger et dans les pays qui se piquent le moins de respect pour les traditions de la Révolution française. »

Si je comprends bien le sens de ces lignes, comme l'état législatif signalé par M. Trouillot s'est maintenu sous tous les gouvernements de nature très diverse qui ont régi la France depuis un siècle, l'étonnement de le voir subsister encore après trente ans d'existence du régime républicain doit signifier que, plus qu'aucun autre, le régime républicain est respectueux du droit et de la liberté. Beaucoup lui faisaient l'honneur de le penser, mais on est heureux de se voir confirmé dans une pareille croyance ; par les déclarations d'un homme aussi autorisé que peut l'être, le rapporteur du dernier projet de loi sur les associations. Aussi dirons-nous avec lui : « On ne rencontre plus aujourd'hui de contradictions en constatant que le droit d'association est un droit aussi naturel, aussi nécessaire que tous les autres droits reconnus et réglementés par le Code civil, et combien le développement des plus fécondes initiatives a été entravé dans notre pays par les dispositions restrictives des articles 291 et suivants du Code pénal... On s'étonnerait que, tout au moins depuis 1870, les efforts les plus persévérant, traduits par les propositions les plus nombreuses, n'aient pas tendu à faire passer dans nos lois une liberté dont jouissent la plupart des monarchies européennes, et toutes les Républiques du monde, la République française exceptée. »

Il semble vraiment qu'on puisse tout attendre d'un homme proclamant le droit en de pareils termes, annonçant vouloir réparer les défaillances du passé par les largesses de l'avenir.

Remarquez que le droit d'association est de telle nature qu'il se confond avec la liberté de l'exercer ; que, là où l'exercice n'en est pas libre, non seulement il y a atteinte portée à la liberté, mais atteinte portée au droit lui-même qui se trouve nié et méconnu. Je dois être libre d'associer mes efforts aux efforts de qui bon me semble, libre de choisir ceux avec lesquels je m'unirai afin de poursuivre ensemble un but commun, de fixer les conditions de cette union, de la faire partielle, momentanée, ou de la faire complète, entière, allant jusqu'à la vie commune ; pas d'autorisation à demander à personne : magistrats, préfets, ministres, gouvernement, législateurs ; ou bien ces belles formules, droit d'association, liberté d'association, ne sont plus que vaines paroles, et ces manières de dithyrambes entonnés en l'honneur des grands principes que les républicains de nos jours s'apprêtent à venger de l'oubli dans lequel on les a trop longtemps laissés seraient bien près de sentir la palinodie et la dérision.

Point d'autorisation nécessaire, nulle obligation de la demander aux pouvoirs publics, liberté » pour l'association quelle qu'elle soit, littéraire, philanthropique, scientifique, religieuse, de se former et de vivre : voilà le droit, le respect du droit. En ce qui concerne spécialement les congrégations, écoutons M. Dufaure :

« Vous voyez, la congrégation non autorisée existant un certain temps, aussi longtemps qu'elle veut, avec son caractère simple et n'ayant pas encore acquis le caractère de congrégation autorisée, c'est-à-dire n'étant pas encore incorporée, ainsi que le dit la science du droit. Quand elles veulent se faire incorporer elles ont besoin de remplir des formalités particulières qui sont déterminées principalement par la loi de 1825, relativement, aux femmes. Mais la loi de 1825, comme la loi de 1817 pour les hommes, ne dit pas et n'a jamais dit qu'une congrégation religieuse fût obligée de se faire incorporer ou de demander l'autorisation. Il n'y a aucune loi qui lui en prescrive l'obligation ; ce sont elles qui, lorsqu'elles veulent acquérir certains droits, ont besoin de se faire autoriser. Il y en a beaucoup qui n'ont pas besoin de ces droits et qui, par conséquent, ne se l'ont pas autoriser. Mais toute communauté qui veut posséder les droits civils, qui veut les exercer, soit acquérir, soit aliéner, qui veut surtout, ce qui les intéresse quelquefois le plus, recevoir des donations par quelque disposition testamentaire, est obligée de se faire reconnaître.

« Je répète qu'aucune communauté n'est forcée de demander l'autorisation, quand elle ne le désire pas ; cela n'est pas contestable.

« Je prie donc qu'on ne dise pas qu'une communauté non autorisée est, par cela même, une communauté illicite, parce qu'elle n'a pas encore demandé l'autorisation. Elle a usé d'un droit en ne la demandant pas.[1] »

A ces affirmations si formelles, émanant d'un homme si considérable et si compétent, on ne voit à opposer, dans le rapport présenté sur le nouveau projet de loi, que les lignes suivantes, assurément sommaires : « Décider qu'une loi sera nécessaire pour autoriser l'existence des congrégations religieuses, est-ce donc autre chose que de consacrer, par un texte nouveau et clair, le système de la législation actuelle ? » Non seulement c'est faire autre chose que de consacrer le système de la législation actuelle, mais c'est faire le contraire, puisque la législation actuelle n'oblige pas les congrégations religieuses à demander l'autorisation, et que le projet de loi les y contraint sous peine d'amende et d'emprisonnement ; puisque la législation actuelle donne, en réalité, aux congrégations la liberté d'association ; et que, en réalité, la loi nouvelle la supprimerait.

En résumé, quand on légifère sur la matière de l'association, si l'on veut être sincère, respectueux des principes et du droit, il n'y a qu'une façon de procéder : ce n'est pas de proclamer ln liberté d'association en ayant pour principal souci de la restreindre ; c'est de la donner pleine et entière, ne-proscrivant qu'une seule espèce d'association dont la dénomination se trouve dans un des chapitres du Code pénal, *les associations de malfaiteurs*, des hommes réunis dans un but subversif, contraire à l'ordre public ; autrement dire, c'est de ne s'en prendre qu'à l'objet même de l'association, de faire une loi répressive, avec laquelle tout pourra être respecté, non une <u>loi préventive,</u> avec laquelle, au milieu des conflits violents, des

[1] Séance du Sénat du 28 février 1880.

Section II

passions soulevées, tout sombrera, si bien qu'à la place de la loi d'ensemble, de la loi libérale qui nous manque, » pour reprendre les expressions de M. Jules Simon, on ne trouvera plus qu'une loi de haine et d'injustice, conséquemment qu'une loi passagère.

Section III

En fait, la liberté d'association est refusée aux associations d'hommes qui *vivent en commun*, ce qui veut bien dire, — personne, je pense, n'y contredira, — aux associations d'hommes dont la vie commune est unie par le lien religieux. D'ailleurs, point d'ambages et nulle équivoque possible devant le langage du rapport, qui, après avoir reproduit les dispositions concernant les associations qui ne pourront se former sans autorisation préalable, se borne à dire : « Ces termes visent les congrégations religieuses. »

Il faut même féliciter la commission d'avoir débarrassé son projet de la rédaction ambiguë que contenait l'article 2 du projet de M. Waldeck-Rousseau. « Toute association fondée sur une cause ou en vue d'un objet illicite, contraire aux lois, à la constitution, à l'ordre public, aux bonnes mœurs, *ou emportant renonciation aux droits qui ne sont pas dans le commerce*, est nulle et de nul effet. » *Renonciation aux droits qui ne sont pas dans le commerce*, chacun comprend que c'est des associations religieuses qu'il s'agit, des vœux que peuvent faire leurs membres ; mais quel chemin de traverse pris et suivi pour arriver à un but que tout le monde aperçoit ! Mauvais chemin, dans les ornières duquel on risque de demeurer embourbé, par la raison qu'un religieux ne renonce à rien de ce qui n'est pas dans le commerce, ne s'engage que vis-à-vis de sa conscience et vis-à-vis de Dieu, demeure entièrement libre vis-à-vis des hommes auxquels il ne crée sur lui-même aucun droit civil d'une nature quelconque, ce qui fait que, là où il n'y a pas, où il ne peut y avoir de contrat, il ne peut y avoir une loi pour le permettre ou le défendre.[1] Avant d'aborder l'examen des reproches qu'on fait aux congrégations dans le dessein de justifier les mesures

---

1 Cette démonstration a été péremptoirement faite dans une très savante consultation signée de l'éminent professeur de la Faculté de Caen, M. Guillouard, et dans l'adhésion qui y a été donnée par M. Rousse avec cette élévation de langage et cette puissance d'argumentation qu'on avait déjà admirées dans sa consultation de 1880.

prises contre elles pour les proscrire, est-il bien vrai qu'en fait elles soient proscrites ? Cela paraît hors de contestation, quand, d'une part, on voit la nécessité à laquelle elles sont soumises d'une autorisation préalable, et, d'autre part, les conditions dans lesquelles cette autorisation devra être sollicitée. Ici, point d'équivoques, point d'illusions ; il faut apercevoir bien au vrai la situation faite, celle qu'on a voulu faire, avec les conséquences qu'on a entendu y renfermer.

Ne peuvent se former sans autorisation donnée par une loi qui déterminera les conditions de leur fonctionnement : 1° les associations entre Français dont le siège ou la direction seraient fixés à l'étranger ou confiés à des étrangers ; 2° les associations dont les membres vivent en commun. Associations dont le siège ou la direction seraient fixés à l'étranger ou confiés à des étrangers, on sait que c'est le fait de la plupart des grandes congrégations d'hommes qui ont un représentant à Rome, près du Pape. Mais il n'y a point à s'arrêter à cette première catégorie, qui pourrait comprendre certaines distinctions, dès lors que la seconde englobe nécessairement tout le monde.

Le caractère spécial des congrégations religieuses, c'est la vie en commun ; toutes les congrégations d'hommes sont des associations dont les membres vivent en commun, donc toutes sont soumises à la nécessité de l'autorisation donnée par une loi. L'obtiendront-elles ? On peut trouver la réponse dans les lignes suivantes du rapport de M. Trouillot :

« Mais la commission a considéré que le retard dans le vote de l'autorisation que solliciteraient les associations visées par l'article 11 devait être considéré comme un refus d'autorisation. Toute autre solution aboutirait aux plus étranges conséquences, et notamment à donner une existence légale, assurée, *à toutes les associations auxquelles les votes formels des Chambres l'auraient formellement refusée*. Il suffirait, par exemple, à l'ordre des jésuites de demander à la Chambre l'autorisation prescrite, de laisser repousser leur demande par la Chambre, puis de la transporter au Sénat, sauf à la reproduire alternativement, dans les délais réglementaires, au Palais-Bourbon et au Luxembourg, pour bénéficier d'une existence parfaitement correcte et régulière qu'aucun régime n'a jamais voulu leur accorder. » Laissons les jésuites de côté, mais apercevons le

Section III

défilé devant nos corps législatifs dos capucins aux pieds nus et à la longue barbe, dos congrégations enseignantes, telles que les maristes, les eudistes, ayant à un haut degré la confiance des familles, et faisant conséquemment aux établissements de l'Etat une concurrence qu'on veut à tout prix éteindre, des dominicains à la parole ardente, de ceux qu'on appelle les moines fainéants, tels que trappistes, chartreux, bénédictins, et comprenons quel accueil est réservé à leurs requêtes d'autorisation. Il n'y aurait pas besoin du geste de détresse qu'on pourrait garder pour de plus grands jours ; tous seraient condamnés d'avance ; on aurait devant soi l'ennemi pieds et poings liés : aux gémonies !

Et puis, qui n'a remarqué ces mots inscrits dans l'article 11 du projet : « Ne peuvent se former sans autorisation donnée par une loi *qui déterminera les conditions de leur fonctionnement*, les associations, etc. » ? Qu'est-ce à dire ? sinon que les Chambres auront d'abord le droit, — dont elles useront largement, — de refuser l'autorisation ; la faculté ensuite, pour le cas où elles voudraient se montrer moins rigoureuses, de réviser ce qu'on appelle en langage ordinaire les statuts de l'association, ce qui se nomme, dans la langue de la matière, la règle de la congrégation. Vous représentez-vous bien l'examen de cette règle où l'on verra figurer en première ligne des obligations comme celles de se lever la nuit pour chanter les louanges du Seigneur, de s'abstenir d'aliments gras toute l'année ou à de certaines périodes plus ou moins longues, etc., fait par une commission que pourrait présider M. Brisson et dont M. Trouillot serait peut-être le rapporteur ? Le spectacle, s'il venait à se produire, ne laisserait pas que d'être tout au moins intéressant.

L'autorisation sera refusée par la raison péremptoire, et qui dispenserait de toute autre, que ceux-là qui obligent à la demander sont aussi ceux qui sont chargés de l'accorder, et que ceux qui obligent à la demander et sont chargés de l'accorder sont aussi ceux qui poursuivent la mort des établissements contraints de solliciter la permission de vivre. Elle sera refusée encore parce qu'on s'est mis, pour ainsi dire, et volontairement, dans l'impossibilité de l'accorder.

Quand il s'est agi de conférer à une association religieuse le caractère particulier et très important de congrégation reconnue, on ne l'a jamais fait, on ne le peut raisonnablement faire, non seulement sans examiner ses statuts, sa régie, mais surtout sans examiner son passé, son esprit, ses tendances, les garanties qu'elle peut offrir, les dangers qu'elle peut présenter, les services qu'elle peut rendre d'après ceux qu'elle a déjà rendus. C'est toute une histoire à étudier, une longue vie à fouiller. « Les associations, a très justement dit M. Dufaure, se forment d'abord et durent toutes un certain temps avant de prendre le caractère d'associations autorisées, et, même lorsque l'autorisation est demandée, il est important que le gouvernement sache ce qu'elles ont fait indépendamment des litres qu'elles présentent. » Comment, avec le projet de loi, le gouvernement pourrait-il apprendre ce qu'il a besoin de savoir, étudier le passé d'une association, dès lors qu'il lui est interdit d'en avoir un, et qu'on frappe de peines sévères ceux qui auraient voulu quand même qu'elle vécut ?

« Après le vote de la loi nouvelle, dit M. Trouillot, avec une simplicité de langage qui sent un peu les dernières prières, sinon la fosse, les congrégations qui n'auront pas obtenu le hé milice de l'autorisation légale devront disparaître, » et connue on vient d'établir, — ce qui d'ailleurs ne fait de doute pour personne, — que cette autorisation ne sera pas accordée, si les congrégations font la vaine tentative de l'obtenir, c'est bien une hécatombe qu'où entend préparer ; ce sont, les bois qu'on dresse, d'où la question : pour quel méfait ou pour quel crime ? Comment les congrégations rentrent-elles dans la catégorie des associations de malfaiteurs, de celles que l'on a le droit de proscrire pour le dommage qu'elles causent à la chose publique ?

Section IV

Le seul motif que donne le projet de loi pour justifier les mesures (irises contre les associations religieuses, c'est que leurs membres *vivent en commun*. Rien autre ; il paraît que cela suffit.

On peut s'étonner de voir les auteurs de propositions relatives au droit d'association, les rapporteurs des projets de loi, célébrer à l'envi la, puissance, les bienfaits de l'association, et chercher à la rendre impossible, quand ses effets doivent prendre toute leur intensité et toute leur énergie par la condensation de tous les efforts dans une vie commune. Quel est donc ce mystère ? Comment se fait-il qu'on ne se préoccupe pas ou qu'on n'ait pas l'air de se préoccuper du but poursuivi par l'association, qu'on s'arrête à la forme, aux conditions, pour ainsi parler, extérieures ? Mais, si le but poursuivi est bon, la forme de l'association est d'autant meilleure qu'elle, permettra de l'atteindre plus complètement et plus vile. Il est vrai qu'à l'inverse, si le but est mauvais, la forme, avec ses effets intensifs, deviendra détestable ; mais la conséquence sera toujours que c'est le but qu'il faut voir, lui qu'il faut scruter, parce que c'est lui, et lui seul, qui peut permettre d'apporter des restrictions, des entraves au droit naturel et primordial d'association. Or, encore une fois, pourquoi laisse-t-on de côté l'objet de l'association ? Ne serait-ce point que, si l'on se plaçait bien en face, si on le soumettait à un examen fait dans des conditions d'impartiale justice, on se trouverait mal à l'aise pour justifier des mesures destinées à porter la mort là où la vie est aujourd'hui dans sa plénitude ?

Les associations religieuses prient : — apparemment ce n'est pas un crime.

Elles chantent, jour et nuit, les louanges de Dieu : — il ne semble point que cela soit subversif.

Elles enseignent : — si elles enseignent mal, tant pis pour elles, leurs maisons resteront vides ; si elles enseignent des choses mauvaises, contraires aux lois, l'autorité publique est là pour les en empêcher et fermer leurs écoles. Mais l'autorité publique n'a rien pu fermer et elles ont la confiance des familles, qui leur amènent en grand nombre leur en fans ; c'est peut-être là une grave faute, mais elle est, eu tout cas, de celles qu'on n'avoue pas et qui n'autorisent rien.

Les associations religieuses offrent un asile aux âmes blessées, meurtries : — prétendrait-on qu'il n'en existe plus dans ce monde ?

Elles étudient, fouillent les vieux livres, écrivent, publient le résultat de leurs recherches : — depuis quand la science ne serait-elle plus chez nous en honneur ?

Elles prêchent la foi dans le Christ ; elles apprennent que cette légende, qui a, dit-on, bercé notre enfance, est la réalité qui doit guider notre vie, la suprême espérance qui doit enlèvera notre mort les affres et les grandes angoisses de l'au-delà : — voudrait-on fermer la bouche à ces apôtres de la justice et de la charité, comme on la ferme à des charlatans qui trompent et démoralisent le peuple ? Elles secourent les pauvres et les misérables, les nourrissent, les abritent, pansent leurs plaies, si répugnantes soient-elles, guident les aveugles, tâchent de faire parler les muets, recueillent les paralytiques, sont au lit des pestiférés et servent les lépreux : — craindrait-on qu'elles ne tissent ainsi une intolérable concurrence à la nouvelle religion prêchée de si haut ?

Ces œuvres admirables, les congrégations religieuses les accomplissent parce qu'elles sont congrégations religieuses, c'est-à-dire parce que leurs membres, unis par le lien religieux, vivent en commun ; supprimez le lien et supprimez la vie commune, il n'y a plus rien, plus de congrégations, mais aussi plus d'œuvres. M. Trouillot, qui me parait avoir sur l'histoire et la situation des religions d'insuffisantes notions, écrit ces lignes au moins singulières : « Il ne semble pas que le culte protestant, dont la sphère d'influence dépasse cependant celle du culte catholique d'une façon assez sensible, ait besoin de recourir à ce moyen de prosélytisme pour étendre son action sur le globe, et qu'il ait souffert de ne point connaître ces établissements ecclésiastiques qu'en dehors du clergé officiel, l'auteur du Concordat avait entendu supprimer. »

N'est-il pas permis de répondre au rapporteur que, contrairement à ce qu'il pense, le culte protestant a particulièrement souffert et souffre tous les jours de ce que par sa vertu propre il soit incapable de produire ces admirables dévouements qui sont le suprême honneur du culte catholique, comme ils sont celui des associations chez lesquelles on les rencontre ; que dans les contrées lointaines où se fait la propagande de la foi chrétienne, quelle que soit la sphère démesurée d'influence qu'on attribue au protestantisme, il souffre du voisinage de ces hommes, Lazaristes, Frères des écoles chrétiennes, Franciscains, Frères de Saint-Jean-de-Dieu, Prêtres de la congrégation des Missions, qui, eux, ont tout quitté, ont renoncé à toutes les joies de la famille, se sont désintéressés de tout profil humain pour vouer leur vie tout entière à la propagation de la vérité et au service des cimes. Là-bas, que ce soit au milieu des peuplades barbares de l'Asie ou de l'Afrique, partout où il y a des missionnaires, on ne s'y trompe pas ; comment se fait-il que chez nous, centre et foyer de cette merveilleuse propagande par le sacrifice qui profite tant à notre patrie, ce foyer-là, bien loin de chercher à l'aviver, tous les efforts soient faits pour l'éteindre ? En tout cas, il n'est pas possible, quand on voit ce que la vie en commun permet aux congrégations d'accomplir, qu'elle soit l'unique, la vraie cause de proscription invoquée contre elle ; manifestement il y a autre chose, il y a ce qu'on appelle vulgairement des dessous ; si la loi se tait, on doit parler quelque part ; cherchons dans le rapport :

On y lit, page 16 :

« Lorsque aux premières heures de l'Assemblée nationale, MM. Tolain, Lockroy, Brisson, Floquet et plusieurs de leurs collègues demandaient l'abrogation des articles 291 et suivants du Code pénal, ils se gardaient de toucher à l'ensemble des lois et ordonnances qui forment ce qu'on a appelé plus tard « les lois existantes, » relatives aux congrégations religieuses. Le parti républicain, en effet, quoi qu'on en ait pu dire, n'a cessé de considérer comme une nécessité rigoureuse la législation qui, dans tous les temps et dans tous les pays, a vu dans le développement des congrégations religieuses un danger permanent pour l'indépendance, la prospérité et la fortune des Etats. »

Page 18 : « C'est le nombre de ces congrégations qui se multiplient tous les jours... C'est leur puissance financière, leur richesse mobilière et immobilière qui se développe au point d'avoir triplé depuis trente ans et de constituer plus ouvertement que jamais un péril économique et social sur lequel personne n'a le droit de fermer les yeux. C'est leur action politique, leur intervention dans les affaires publiques et les luttes des partis, encouragée par la faiblesse du pouvoir et des lois, qui se manifestent avec une audace encore sans exemple. »

Page 21 : « Il serait évidemment assez étrange, à l'heure où l'opinion publique s'émeut des abus par lesquels s'est traduite la situation actuelle des congrégations religieuses, au moment où leur nombre, leur développement, l'audace de leur action politique ont pris des proportions qui frappent tous les esprits, de voir l'effort du gouvernement et des Chambres aboutir non à fortifier, mais à affaiblir la législation qui leur est applicable. »

Page 31 : « En droit, la liberté d'association est aujourd'hui refusée à tous les citoyens français. En fait, il est une classe de citoyens français et étrangers qui ont réussi, en France, à en conquérir le privilège : ce sont ceux auxquels la loi l'interdit deux fois, d'abord par le Code pénal, ensuite par les textes spéciaux applicables aux congrégations ; ce sont ceux contre lesquels toutes les monarchies, plus durement que la République, ont épuisé les mesures de défiance et de sévérité. Et l'on peut juger à l'heure présente, par l'audace de leur action, par le développement des constructions conventuelles qu'elles ont élevées sur tous les points du territoire, par les évaluations statistiques de leurs richesses, du degré de puissance que leur vaut l'exploitation d'un tel monopole. »

Il semble bien que l'on doive être désormais fixé sur les véritables griefs formulés contre les congrégations ; ils peuvent se résumer ainsi :

Elles exercent une action politique, interviennent dans les affaires publiques et dans les luttes des partis avec une audace encore sans exemple, et sont ainsi un danger permanent pour l'indépendance et la prospérité des Etats :

Par leur puissance financière, leur richesse mobilière et immobilière, elles constituent plus que jamais un péril économique et social.

C'est ce péril que les républicains, le parti républicain, veulent faire disparaître par une législation qui ramène les associations religieuses au rôle qu'elles doivent exercer.

Si le péril est vraiment tel qu'on le dit, si le feu est ainsi à la grande maison, ce n'est pas seulement le parti républicain, c'est tout le monde qui voudra concourir à l'éteindre. En tout cas, on est en droit de tenir en défiance les lois faites au nom d'un parti, des intérêts, sinon des passions d'un parti ; ces lois-là sont des lois de guerre et de combat, non des lois de justice ; celles qu'on respecte et, qui demeurent sont celles qui, tenant compte de tous les droits, s'efforcent de n'en léser aucun, et si jamais il fut une matière exigeant du législateur la longue et claire vue qui ne néglige rien, la sûreté de main qui froidement pèse et mesure, c'est bien la matière de l'association, qui touche à tant de personnes et à tant de choses.

Et puis, « parti républicain » est vite dit ; c'est là un bloc qui comprend

Section IV

bien des fragments n'ayant entre eux qu'une apparente cohésion. Il est de ces fragments qui ne disent à certains républicains rien qui vaille, tandis que, pour certains autres, ils sont le monument tout entier, fondement, façade et couverture. Parmi les hommes qui considèrent la République comme une forme de gouvernement nécessaire, — ils sont beaucoup plus nombreux qu'on ne pense, et ils le seraient bien davantage encore sans certains voisinages, — on rencontre bien des conceptions diverses du gouvernement républicain : il y a la République libérale, et puis, il y a l'autre, la radicale et la jacobine ; à laquelle appartient le nouveau projet de loi sur les associations ? Pas plus par la rigueur de ses dispositions et le but poursuivi que par le langage de son rapporteur il ne se rattache à la République libérale ; on sent partout le souffle de l'autre ; dès lors, nous nous trouvons en face des vieilles traditions, des vieilles passions révolutionnaires : la haine du prêtre, l'horreur du moine, l'envahissement de la société civile par les menées cléricales : oppression des consciences, fanatisme, superstition, spoliation des familles sont ici langage courant, si bien que c'est non seulement un droit, mais un devoir de contrôler des affirmations derrière lesquelles il est permis d'entrevoir autre chose que la réalité des périls annoncés.

Section V

Avant de procéder à ce contrôle, je tiens à formuler quelques déclarations de nature à faire comprendre dans quel esprit il sera exercé.

Il n'est pas nécessaire d'appartenir aux républicains d'un certain groupe, ou, si l'on aime mieux, d'une certaine trempe, pour avoir le souci des droits de la société civile, pour n'être disposé à les incliner devant personne, pour vouloir les défendre contre tout empiétement d'où qu'il vienne. A chacun son rôle ; à chacun sa sphère. A la société religieuse, l'enseignement, la propagation de la foi, les âmes, la direction des consciences, les grandes clartés à répandre sur la vie présente par les grandes espérances à montrer dans la vie future. A la société civile, la liberté et l'indépendance du citoyen, qui font sa dignité : l'entière liberté de choisir la forme de gouvernement qu'il juge la meilleure, d'organiser les forces du pays de la façon qu'il croit la mieux faite pour garantir sa sécurité, défendre son honneur, assurer sa prospérité, l'oint d'envahissement par la société religieuse, sous prétexte que la direction des âmes, touchant à tous les intérêts, permet, sinon commande d'intervenir dans toutes les questions : la société civile n'est pas faite pour être conduite par îles prêtres ou par des moines. Point d'oppression de la société religieuse par la société civile : la société religieuse n'est pas faite pour jouer un rôle subordonné, pour être entravée dans l'action qu'elle doit exercer sur les consciences.

Ces doctrines-là ne sont pas nouvelles et ce n'est pas à la République qu'en revient l'honneur ; bien longtemps avant elle, on les trouve ayant cours dans notre vieux monde français ; ce qui revient à la République, c'est d'avoir voulu placer la société religieuse sous la domination de la société civile, et cela par les plus odieuses violences. — Prêtre, moine, soumets-toi, déshonore-toi ou meurs !

Aujourd'hui, nous nous contentons de dire : — Prêtre, demeure dans ton église, dans la grande famille qui t'a été confiée ; tu y trouveras de quoi donner aliment à tous les efforts de ton esprit, à toutes les émotions de ton cœur, à tous les dévouements de la charité. Moine, reste en ton couvent pour y soutenir les âmes faibles, y confirmer les âmes fortes, pour y redresser les âmes tombées ; et, si tu en sors, que ce soit pour prêcher la parole de Dieu, secourir les petits, les humbles, les meurtris, les misérables, fût-ce aux dépens de ta vie. Mais ne prends pas part à nos querelles intestines ; laisse-nous nos luttes de chaque jour, nos tristes luttes ; elles ne sont pas faites pour toi et tu n'es pas fait pour elles. — Ne suis-je donc pas citoyen comme les autres ? — Non ; les autres n'ont pas le pouvoir de lier et de dédier ; ils ne portent pas comme loi la marque sacrée ; cette marque, ne va pas la compromettre dans nos dissensions, reste homme de prière et de dévouement, si tu veux rester homme de véritable action chrétienne, celui que le respect même des ennemis entoure et soutient.

Il n'est pas besoin, non plus, d'être un pur républicain pour s'inquiéter du développement excessif que pourraient prendre les fortunes immobilières des congrégations, de l'extension démesurée de ce qu'on appelle les biens de mainmorte. Ici, vraiment, une science

Section V

juridique bien profonde n'est point nécessaire pour connaître les préoccupations qui, à cet égard, ont été, de tout temps, celles de la société civile. Vouloir les nier serait ignorance ou mauvaise foi ; vouloir s'isoler de ce courant ou le remonter serait sottise et peine perdue. Oui, permettre aux congrégations d'accroître, à leur gré, leur fortune mobilière ou immobilière serait un danger ; procéder, par exemple, comme l'avait fait l'honorable M. Bertauld en 1872, c'est-à-dire, sur une simple déclaration, donner à une association la personnalité civile avec laquelle elle pourra, sans contrôle d'aucune sorte, acquérir tant que bon lui semblera, serait chose insensée. Je suis donc bien loin de répudier la législation qu'invoque M. Trouillot relativement au développement des biens de mainmorte ; je l'invoque à mon tour et la veux maintenir. Restera à savoir si le tableau qu'il a fait de la puissance financière des congrégations, de son accroissement, n'est pas trop fortement poussé au noir.

Enfin je ne dissimulerai point que l'accroissement des fortunes congréganistes, par le mode d'acquisition à titre gratuit, c'est-à-dire par donations et' legs, ne fût de nature à compromettre la sécurité des familles, si, d'une part, la loi n'avait pris, au regard des congrégations autorisées, de sages précautions, et si, pour les autres, il n'en fallait beaucoup rabattre de cette légende de spoliation qu'on veut apercevoir au fond de toute maison abritant des religieuses ou des moines.

En ce qui est des congrégations autorisées, est-il besoin de rappeler la nécessité, pour l'acceptation des donations entre vifs ou libéralités testamentaires, d'une autorisation qui n'est obtenue qu'après minutieux examen îles conditions dans lesquelles ces libéralités ont été faites, et particulièrement de la situation des familles qu'elles auraient frustrées ?

Et pour les autres, de quel droit veut-on les voir dépourvues de toute idée d'honnêteté et de justice, toujours prêtes à mettre la main sur le bien d'autrui ?

S'il en était ainsi, puisqu'on dit qu'elles pullulent, les tentatives, et partant les scandales, seraient de tous les jours ; or, il peut se passer de longues vies d'hommes ouvrant les yeux pour bien voir, de magistrats cherchant à rendre le mieux possible la justice à qui de droit, sans qu'ils aient vu rien de pareil, sans qu'ils aient eu à restituer à leurs légitimes possesseurs les biens dont on les avait injustement dépouillés. Alors comment justifier l'accusation portée contre les associations religieuses ? Nous ne sommes plus ici dans l'ignoré et dans l'occulte ; on peut s'en rapporter aux spoliés pour dévoiler les accaparements et les fraudes. Les congrégations jouent de malheur : défiez-vous des congrégations riches, disent les uns, elles abusent de leurs richesses, — ce qui est au moins contestable ; — dédiez-vous des congrégations pauvres, s'écrient les autres, elles abusent de leur pauvreté, — ce qui n'est pas beaucoup plus exact.

Section VI

Ces explications données, ces déclarations faites, entrons dans l'examen des objections élevées contre les congrégations et qu'on soutient être de nature à justifier le régime d'exception auquel on veut les soumettre.

Il en est une qui semble les comprendre toutes et à laquelle, par suite, il faut d'abord répondre : les congrégations seraient condamnées par notre droit public.

« Notre droit public, dit M. Waldeck-Rousseau dans son exposé des motifs, celui de tous les Etats, proscrit tout ce qui constituerait une abdication des droits de l'individu, une renonciation à l'exercice des facultés naturelles de, tous les citoyens... L'association qui reposerait sur une renonciation de celte nature, loin de tourner au profit de chacun de ses membres, tendrait directement à le diminuer, sinon à l'anéantir. L'engagement perpétuel qu'elle suppose est interdit par les principes généraux du droit. L'article 3 en fait l'application spéciale à la matière. » L'article 3 déclarait nulle et de nul effet l'association emportant renonciation aux droits qui ne sont pas dans le commerce.

M. Trouillot, de son côté, dans une page ou deux, fait l'histoire des régimes administratifs, législatifs, sociaux auxquels ont été soumises les congrégations depuis le vi° siècle, ce qui est un peu bref et sommaire quand on remonte si loin, et il conclut qu'à partir du décret de l'Assemblée constituante du 24 novembre 1789, qui mit les biens ecclésiastiques à la disposition de la nation, les lois ont tantôt interdit absolument, tantôt subordonné à la nécessité rigoureuse d'une autorisation l'existence des congrégations religieuses. Il importe de vérifier avec soin l'exactitude des affirmations émises par M. le ministre et M. le rapporteur.

Affirmation de M. le ministre : il n'y a point autre chose, et c'est vraiment trop peu en une matière où tout est si compliqué, si confus, si contredit. *Notre droit public et celui de tous les Etats proscrivent la renonciation aux droits qui ne sont pas dans le commerce*, autrement dire, les congrégations ; la preuve, s'il vous plaît ? Laissons le droit public de tous les Etats ; il serait trop long et surtout trop malaisé de contrôler une pareille assertion, qui, par son caractère général et absolu, est dénuée de toute portée ; restons chez nous et cherchons-y ce qui la peut autoriser.

De quel droit public applicable aux congrégations veut-on parler ? De celui antérieur à 1789 ? Mais, alors, les congrégations sont partout ; elles forment un élément considérable de la vie sociale ; non seulement il n'est pas interdit de renoncer aux droits qui ne sont pas dans le commerce, mais les *vœux* sont un contrat que la société civile reconnaît et sanctionne. — De la période dite intermédiaire ? Elle est représentée par deux lois, celle des 13-19 février 1790, qui abolit les vœux monastiques, c'est-à-dire qui met fin à la reconnaissance par la loi civile de ce qu'on peut appeler le contrat de vœu, mais qui laisse les religieux libres de continuer à vivre en commun, et celle du 18 août 1792, qui supprime complètement les congrégations existantes, « même celles uniquement vouées au service des hôpitaux et au soulagement des malades. »

Est-ce que ce serait cette dernière loi, rendue entre la journée du 10 août et les massacres de septembre, qui représenterait à elle seule notre droit public en matière de congrégations religieuses ? A elle seule, puisque, à peine le Concordat promulgué, les congrégations renaissent, l'Empire les reconnaît, la Restauration les réglemente, la monarchie de Juillet, la seconde République, le second Empire leur laissent une telle liberté qu'on prétend qu'elles ont pullulé à ce point, acquis une si formidable puissance, que l'indépendance, la prospérité, la fortune du pays en sont compromises. Que devient alors l'argument tiré de notre droit public ?

Laissons l'affirmation du ministre ; pour nous tourner vers celles du rapporteur ; elles ne concernent plus la proscription des congrégations religieuses, la nullité du contrat d'association à cause du caractère ; illicite de ce qui en forme le principe même et le fondement, mais la nécessité d'une autorisation délivrée par la puissance publique, autorisation à l'obtention de laquelle elles auraient toujours été seul mises. Reprenons nos trois périodes : l'ancienne, l'intermédiaire, la moderne.

L'ancienne : il faut purement et simplement la supprimer, par la raison que les conditions sociales, l'action exercée par l'autorité royale seuil tellement différentes de celles devant lesquelles nous nous trouvons aujourd'hui, qu'aucune assimilation n'est possible, et qu'il n'y a conséquent ment rien à tirer du monceau d'ordonnances rendues pour autoriser l'établissement de telle ou telle congrégation dans tel ou tel lieu, fixer ses ressources, déterminer sa place dans la hiérarchie monacale.

Conditions sociales différentes : est-il besoin d'insister sur ce point ? Ne suffit-il pas de rappeler ce qui vient d'être dit, à savoir que les vieux prononcés par le religieux ne formaient pas seulement un engagement pris vis-à-vis de sa conscience envers Dieu, mais un engagement pris vis-à-vis de la société civile, qui, au besoin, se chargeait de le lui rappeler, de lui appliquer tous les effets de la mort civile qu'il avait encourue le jour où il avait solennellement promis de demeurer à perpétuité membre de l'ordre dans lequel il était entré ? Comment pourrait-on trouver dans la législation qui régit de pareils temps des règles dont on pourrait se prévaloir pour régir l'heure présente ?

Action exercée par l'autorité royale : en quoi pouvait-elle ressembler à l'action exercée par un gouvernement républicain ? Pouvoir absolu, d'un côté ; de l'autre, pouvoir toujours respectueux de la loi, n'agissant qu'en vertu « des lois existantes. » Le roi, vis-à-vis des congrégations, n'était pas le chef d'un gouvernement leur appliquant un ensemble de règles précises, fixes, formant ce qu'on peut appeler un corps de droit ; c'était, d'abord, le maître absolu, considérant les établissements monastiques comme intéressant le bien et la prospérité de l'Etat, s'en faisant le protecteur, le père, ainsi qu'on disait alors, par suite disposant d'eux souverainement. Rien de commun entre ces temps et les nôtres, et, par suite, rien à demander aux monuments du droit ancien pour justifier des mesures qu'on voudrait introduire dans le droit nouveau.

Section VI

La période intermédiaire : encore moins faut-il s'y arrêter. Quand on commence par tuer les gens, on n'a pas à s'inquiéter de la manière dont ils devront s'y prendre pour vivre.

La période moderne : elle est représentée par la loi du 2 janvier 1817, relative aux congrégations d'hommes, et par la loi du 24 mai 1825, concernant spécialement les congrégations de femmes. On soutient que, si l'on s'en tenait à ces lois, on en négligerait deux d'une particulière importance, celle du 18 germinal an X, dite loi des articles organiques qui, par son article 2, ainsi conçu : « Les archevêques et évêques pourront, avec l'autorisation du gouvernement, établir dans leurs diocèses des chapitres cathédraux et des séminaires ; tous autres établissements ecclésiastiques sont supprimés, » aurait maintenu et confirmé le principe de la suppression des congrégations religieuses proclamé par la loi de 1792, — et le décret impérial du 3 messidor an XII, dont l'article 4 décide que : « Aucune agrégation d'hommes ou de femmes ne pourra se former à l'avenir, sous prétexte de religion, à moins qu'elle n'ait été formellement autorisée par un décret impérial, sur le vu des statuts et règlements selon lesquels on se proposerait, de vivre dans cette association. »

Relativement à la loi du 18 germinal an X, je me garderai d'entrer dans la vieille querelle des articles organiques ; je veux les tenir pour applicables ; mais je prétends qu'on a absolument forcé le sens de la disposition invoquée, qu'on lui a fait dire ce qu'elle ne dit point, quand on a voulu y voir la suppression en bloc et d'une façon absolue de tous les ordres religieux. J'en donne plusieurs raisons.

La première, c'est que, dans le langage de la matière et du temps, le terme « établissements ecclésiastiques » n'est nullement synonyme d'établissements monastiques ; il s'applique particulièrement au clergé séculier, et c'est bien, en effet, du clergé séculier, et de lui seul, qu'il s'agissait dans le Concordat comme dans les articles organiques. On voulait le ramener à une organisation simple, le débarrasser d'une foule d'institutions parasites, conséquence, principalement, du droit de collation des bénéfices que s'était réservé le pouvoir royal ; de là l'article 2 de la loi du 18 germinal an X. Vouloir, par cette formule qui, après avoir autorisé les évoques et archevêques à créer dans leur diocèse des chapitres cathédraux et des séminaires, supprime tous autres établissements ecclésiastiques, voir tranchée la grosse question des ordres monastiques, ceux-ci supprimés par simple prétention, me parait tout à fait déraisonnable.

La seconde raison, c'est que, de l'avis de tout le monde, ces articles organiques sont le complément du Concordat, et qu'à aucun instant, dans ces négociations si longues, si difficiles, d'un intérêt si saisissant, qui ont précédé le grand contrat passé entre la République française et le chef de l'Eglise, la question des ordres religieux n'a été posée et débattue : la situation faite à la religion catholique en France, la constitution des diocèses, leur nombre, la démission des anciens évoques, l'acceptation des nouveaux, le traitement du clergé, voilà les problèmes qui s'agitent ; quant aux congrégations religieuses, personne ne s'en occupe et personne n'en parle ; comment, dès lors, les articles organiques s'en seraient-ils préoccupés et en auraient-ils parlé ? Aussi n'en parlent-ils point et ne disposent-ils que relativement aux établissements dépendant des évêques et pouvant être créés par eux ; or, telle n'était point la situation des établissements monastiques ayant leur vie et leur hiérarchie propre et ne dépendant que très faiblement, trop faiblement, des évêques.

Enfin, la troisième raison, qui semble décisive, c'est qu'au lendemain du Concordat, certaines congrégations d'hommes et de femmes s'étaient rétablies, et que non seulement on n'a pas lancé sur elles les foudres de la loi du 18 août 1792, ni de la loi de germinal, mais *qu'on les a reconnues* ! On peut citer, notamment, l'association des Sœurs de la Doctrine chrétienne, autorisée par les décrets du 28 prairial au XI et du 11 thermidor an XII : la congrégation de la Mission de Saint-Lazare, reconnue par décret du 7 prairial an XII. Quoi ! la loi si vite délaissée et contredite ; on défait le lendemain ce qu'on a fait la veille ; les articles organiques viennent de confirmer la suppression des congrégations ; et voici qu'à ces congrégations on donne une existence légale avec tous les bénéfices de la personnalité civile ! Au vrai, cela veut dire que, d'une part, les articles organiques n'ont rien statué en ce qui concerne les congrégations, et que, d'autre part, on répudie la loi du 18 août 1792. Il est donc établi qu'il faut écarter du débat l'article 2 de la, loi du 18 germinal an X.

J'en dis autant du décret de messidor an XII, qui, né d'un mouvement de colère comme en éprouvait le maître absolu que venait de se donner la France, est vite tombé en désuétude, et n'a pas été appliqué par l'Empire lui-même. Une association connue sous le nom de *Pères de la foi*, d'*Adorateurs de Jésus ou Pacanaristes*, avait mécontenté et déplu ; dissolution, ordre aux associés de se rendre au plus vite dans leurs diocèses pour y vivre sous la juridiction de l'ordinaire, et, comme, à cette heure, on ne procédait point par les demi-mesures, défense à toute agrégation d'hommes ou de femmes de se former sans y être autorisée par un décret impérial. Cela fait, le décret de messidor an XII n'a jamais plus été invoqué jusqu'au jour où il est venu, en compagnie de la loi du 18 août 1792, former « les lois existantes » en vertu desquelles on a jeté îles citoyens hors de leurs demeures ; singulier assemblage de monuments législatifs, nés, l'un, dans la période la plus tristement révolutionnaire, l'autre, dans la période la plus tristement absolutiste, invoqués par un gouvernement se disant aussi éloigné des excès de la Révolution que des violences du despotisme. J'ajoute qu'en tout cas, le décret de l'an XII a été remplacé par la loi du 2 janvier 1817, qui n'aurait pas sa raison d'être, si devaient subsister la loi de germinal an X comme abolissant les congrégations, le décret de messidor an XII comme les soumettant, pour naître et pour vivre, à l'obligation d'une autorisation délivrée par les pouvoirs publics.

La loi du 2 janvier 1817 porte : « Article premier. Tout établissement ecclésiastique reconnu par la loi pourra accepter, avec l'autorisation du roi, tous les biens meubles ou immeubles, ou recettes, qui lui seront donnés par acte entre vifs ou par acte de dernière volonté. — Article 2. Tout établissement ecclésiastique reconnu par la loi pourra également, avec l'autorisation du roi, acquérir des biens immeubles ou des rentes. » La loi du 24 mai 1825 dispose par son article 2 : « Aucune congrégation religieuse de femmes ne sera autorisée qu'après que ses statuts, dûment approuvés par l'évêque diocésain, auront été vérifiés et enregistrés au Conseil d'État. »

Pour qu'une congrégation puisse être reconnue, il faut d'abord qu'elle puisse exister ; donc la loi du 18 janvier 1792 est abolie.

Si aucune congrégation ne peut exister sans autorisation, il n'est pas nécessaire de le dire, puisque cela aurait déjà été dit par le décret de messidor an XII et que l'autorisation entraîne la personnalité civile, dont la conséquence est le droit d'acquérir et de recevoir ; donc le décret de l'an XII est considéré comme inexistant. La loi de 1817, comme celle de 1825, ne peuvent avoir de sens qu'autant qu'elles ont pour objet d'établir une distinction entre les congrégations reconnues et celles qui ne le sont pas, et c'est bien là, en effet, leur signification, comme l'a si bien expliqué M. Dufaure dans le passage précédemment rappelé de son discours prononcé devant le Sénat le 18 février 1880. Il y a des congrégations qui ont simplement une existence de fait ; libre à elles de continuer de vivre dans ces conditions. Que si elles veulent acquérir le bénéfice de la personnalité civile, elles en auront la faculté, mais nul ne pourra les y contraindre. Et, depuis près d'un siècle, les choses se sont passées ainsi, de sorte qu'il est absolument vrai de dire que jamais notre législation, celle dont on peut se prévaloir dans notre état politique et social, n'a soumis les associations religieuses à la nécessité d'une autorisation ; quand on introduit celte nécessité dans la loi, c'est un droit nouveau que l'on crée.

La France *concordataire* est-elle absolument maîtresse de le faire ?

Pour tout homme éclairé et de bonne foi, deux choses sont certaines : la première, c'est que les congrégations religieuses ont toujours été considérées par l'Eglise catholique comme un de ses organes essentiels : son histoire, ses constitutions, les encycliques de ses papes, ses conciles, sont là pour le démontrer : — la seconde, c'est que le Concordat de 1801 n'a voulu enlever à l'Eglise aucun de ces organes, que, spécialement, il n'a pas supprimé les congrégations ; que, loin de là, ainsi qu'il vient d'être expliqué, il les a fait renaître.

Dans de telles conditions, comment se pourrait-il qu'aujourd'hui, en dehors de toute entente avec le Saint-Siège, correctement et sans porter atteinte aux principes du droit public, on fît voter une loi devant ou pouvant tout au moins avoir pour conséquence la suppression d'une grande partie des congrégations religieuses qui exercent en France leur ministère plusieurs fois séculaire, autorisé, encouragé par la papauté, et qui relèvent d'elle directement ?

Et, si l'on veut passer outre, ne s'expose-t-on pas à ce que la puissance dont on méconnaît les droits se défende avec les armes dont elle dispose ; que, par suite, notre situation, notre influence à l'extérieur, n'en éprouve un très grave dommage ?

Section VI

Pour qu'on persiste à légiférer quand même, il faut vraiment que les griefs relevés contre les congrégations soient d'une nature bien particulière.

Quels sont-ils donc ?

Section VII

C'est que les congrégations religieuses se livrent à une action politique d'une telle audace et d'une telle nature qu'elles constituent un danger permanent pour l'indépendance du pays. Est-ce bien sérieusement qu'on dit ces choses, ou n'est-ce pas plutôt sous l'empire de ce senti ment généralement traduit en termes vulgaires, qui fait ; que, lorsqu'on veut se débarrasser des gens, on dit qu'ils ont la peste ou la lèpre ? Comment, en vérité, nous sommes tellement envahis par le monde clérical, monacal, jésuite, capucin, que nous nous voyons menacés de retourner aux pires jours des entreprises dévotes, de la mystérieuse Congrégation, des billets de confession, des cordons de Saint-Acheul ! C'est bien de ce côté-là que nous penchons, et, si nous devons sombrer en quelque cataclysme social, il arrivera qu'au fond, tout se trouvera recouvert de calottes de prêtres, de capuchons de moines, de mitres d'évêques, rien autre ! Où sont les naïfs qui croiront cela ? Je ne demande pas où sont les sectaires qui agiront comme s'ils le croyaient !

Dût-on crier au paradoxe, je soutiens que jamais les congrégations n'ont exercé une action politique moindre ? que celle exercée par elles à cette heure ; que jamais elles ne se sont mieux maintenues dans leur véritable rôle, qui est de prier, de prêcher, d'enseigner, de secourir. Il en est deux raisons principales. La première, c'est que les congrégations sont généralement composées d'hommes intelligents, — certains même leur reprochent d'en renfermer trop ; — que les gens intelligents savent qu'il y a des courants qu'on ne remonte pas ; que parmi ces courants-là se trouvent, plus que tous autres, ceux qui entraînent les démocraties ; et, de fait, pour qui a pris soin de relever leur attitude, de suivre leurs manifestations, elles n'ont pas cherché à le remonter, mais à y verser quelques idées de foi et de charité, dans l'espoir que la grande démocratie française pourrait être une démocratie chrétienne. Non seulement elles ont accepté sans résistance la parole du chef de l'Eglise expliquant que celle-ci n'a jamais banni aucune forme de gouvernement, que, sous la République comme sous la monarchie, le principal est d'éclairer les âmes, de réconforter les vacillants, soutenir les faibles, aider les misérables, de se dévouer pour ses frères, mais immédiatement elles l'ont mise en pratique avec une sympathique ardeur.

Pourquoi donc auraient-elles eu l'antipathie- de la forme républicaine à ce point de combattre un gouvernement par cela seul qu'il aurait été une république ? Elles-mêmes ne sont pas autre chose, la république de la vraie fraternité et de la vraie égalité, celle aussi de la vraie liberté, parce que, lorsqu'on l'a aliénée, cette liberté, on est toujours maître de la reprendre ; parce qu'on n'obéit librement que pour rendre l'effort vers le bien plus énergique, le dévouement plus utile.

Cela ne veut pas dire que les couvents soient peuplés de républicains à la manière de M. Brisson ou de M. Trouillot ; il y a peut-être des nuances ; entre la République qui respecte les croyances et celle qui les persécute, entre celle qui donne vraiment la liberté et celle qui opprime, celle qui unit et celle qui divise, est-ce qu'on n'a pas le droit de choisir ? Le droit de demander quel crime on a commis, lorsqu'on est demeuré respectueux des institutions de ; son pays, qu'on ne fait rien, qu'on n'a jamais rien fait pour les détruire ?

— Ceci, objectera-t-on, c'est l'action publique, celle qu'on montre, mais il y a l'occulte qui contredit l'autre, et l'occulte, c'est la vraie.

— D'abord, l'occulte est généralement celle qu'on ne voit pas : comment alors peut-on dire et affirmer ce qu'elle est ? Pur procès de tendance. Ensuite, si, du moment où une association est soupçonnée de faire de la politique occulte, il y a lieu de la proscrire, cela peut devenir dangereux, même pour d'autres que pour les congrégations religieuses ; peut-être pas aujourd'hui, mais peut-être demain, qu'on ne connaît guère, peut-être après-demain, qu'on ne connaît pas du tout.

La seconde raison qui rend nulle l'action politique des congrégations, c'est, — et ceci semble péremptoire, — que notre état social ne la comporte pas. Une action politique ne peut s'exercer utilement et de manière à devenir un danger pour les institutions qu'autant qu'elle a un but déterminé ; or, je voudrais bien savoir quel est le but politique déterminé des congrégations ; elles seraient, je crois, bien embarrassées de le dire elles-mêmes, si on le leur demandait, et qu'elles pussent franchement répondre. Un but moral, un but religieux ? Oui ; un but politique, voulant, comme forme de gouvernement, substituer autre chose à ce qui existe ? Non. J'ajoute que, le voulussent-elles, elles se verraient réduites à une ridicule impuissance par les conditions sociales dans lesquelles nous vivons. Nous sommes saisis par les étreintes d'une telle publicité ; nos intérêts, nos sentiments, nos actions sont fouillés d'une si implacable façon ; tout est discuté, débattu avec une telle passion et de telles ardeurs que, vraiment, nous vivons sur biplace publique ; que la chaire, le confessionnal, — ce grand spectre d'autrefois auquel on a arraché son suaire, — sont devenus bien insuffisant pour conduire et gouverner lame du peuple. Ils peuvent encore faire îles croyants, en remplir les églises, ils ne peuvent pas en faire des masses populaires qu'on envoie aux urnes et qui en restent maîtresses. L'esprit public a si bien pris sa voie et la suit avec une si constante fermeté, que toutes les tentatives pour lui faire rebrousser chemin demeureraient vaines et se retourneraient contre ceux qui auraient eu l'imprudence d'employer leurs efforts à transformer en une réalité un rêve insensé. Dans quelque région, au milieu de quelque couche que vous cherchiez la volonté du pays, vous trouverez toujours qu'il veut bien être religieusement enseigné, qu'il ne veut pas être politiquement conduit par des moines.

C'est ce qui comprend bien ce qu'on appelle l'armée des moines, et il ne faudrait pas rendre cette « armée » responsable d'imprudences comme il s'en commet toujours dans les corps de troupes même les mieux disciplinés.

Section VIII

Laissons l'action politique exercée par les congrégations et mettons-nous en face d'une objection plus sérieuse, empruntée au domaine économique : je veux parler de l'objection tirée des biens de mainmorte. Elle a le don d'agir d'une façon particulière sur l'esprit public ; aussi est-ce une de celles que font le plus complaisamment valoir les adversaires des congrégations religieuses ; il la faut donc examiner avec soin, bien voir ce qu'elle est, dans quelles proportions elle se trouverait justifiée.

D'abord, le reproche : j'en prends la formule dans le rapport de M. Trouillot, page 15. « Mais on constate aujourd'hui de quelle façon les lois de prohibition dont nous venons de rappeler les textes ont empêché soit la multiplication des congrégations religieuses, soit le développement de leurs richesses. Les décrets du 29 mars 1880, qui ont tenté la remise en vigueur des textes méconnus, sont aujourd'hui tombés dans le même oubli que les lois elles-mêmes qu'ils voulaient faire revivre. La situation actuelle est même, à certains égards, plus inquiétante pour la fortune publique que la mainmorte d'autrefois ; car aux propriétés foncières occupées par les congrégations religieuses au moyen d'invariables interpositions de personnes s'ajoute maintenant une fortune mobilière qui peut facilement défier toutes les évaluations statistiques et les plus minutieuses investigations du fisc. La démocratie se trouve en face d'un péril dont elle n'a même pas le moyen de mesurer l'étendue. » Page 18 : « C'est leur puissance financière, leur richesse mobilière et immobilière, qui se développe au point d'avoir triplé depuis trente ans et de constituer plus ouvertement que jamais un péril économique et social sur lequel personne n'a le droit de fermer les yeux. »

Page 23 : « En 1880, les statistiques officielles estimaient à une centaine de millions les biens immeubles possédés par les congrégations non autorisées ; une évaluation nouvelle est commencée, et il n'est personne qui ne puisse se rendre compte par son propre examen de l'énorme développement de richesses que cette évaluation devra constater. »

Le reproche ainsi formulé est-il justifié ? et d'abord, qu'est-ce exactement que les biens de mainmorte ?

Ce sont ceux qui, étant *inaliénables*, sont ainsi sortis de la circulation et n'y peuvent rentrer que par l'accomplissement de formalités déterminées. Inaliénables par le fait de la loi qui défend de les vendre, de les échanger, de les dénaturer. Ont ce caractère les immeubles dépendant du domaine public, soit de l'Etat, soit des départements, soit des communes, et aussi ceux appartenant aux établissements reconnus comme d'utilité publique et, par suite, mis en tutelle, ce qui comprend les congrégations autorisées. « Les immeubles ou rentes appartenant à un établissement ecclésiastique (reconnu par la loi) seront possédés à perpétuité, par ledit établissement et seront inaliénables, à moins que l'aliénation n'en soit autorisée par le roi. » (Loi du 2 janvier 1817, art. 3.) Cette portion des biens immobiliers possédés par les congrégations religieuses ne représente qu'une fraction relativement minime.

Quant aux biens immobiliers, de beaucoup les plus considérables, possédés par les congrégations non autorisées, rentrent-ils donc dans la véritable mainmorte ? Nullement. Ils ne sont pas *inaliénables* ; propriété de sociétés civiles, ils sont, en réalité, dans le commerce, dès lors qu'ils peuvent être vendus, échangés, sans que soit accomplie aucune formalité autre que celle nécessitée par les ventes ou échanges entre particuliers ; la circulation de ces immeubles est sans doute moindre que celle de bâtiments ou terres composant les fortunes privées, mais elle a cependant lieu dans des conditions qui ne permettent pas de les classer parmi les biens de mainmorte. De plus, ces biens peuvent être très valablement frappés, et ils sont, pour un grand nombre, frappés d'hypothèques prises en vue d'assurer le paiement des arrérages de prêts, ainsi que le remboursement du capital prêté ; — je pourrais citer une congrégation ayant à peu près pour quatre millions d'immeubles, grevés d'environ deux millions de charges hypothécaires ; — si le paiement des intérêts, si le remboursement du capital prêté n'a pas lieu, les immeubles seront saisis et vendus ; comment peut-on soutenir que de pareils biens sont hors de la circulation, hors du commerce, qu'ils sont, en réalité, des biens de mainmorte ?

En outre, les véritables biens de mainmorte, tels que ceux affectés à un service public, ne paient pas l'impôt ; en est-il de même pour ce qui concerne les immeubles possédés par les congrégations religieuses non reconnues ? L'une d'elles, dont j'ai les comptes sous les yeux, a, depuis environ douze ans, versé au Trésor près de quatre cent mille francs ! Voici une mainmorte qu'on ne pourra pus accuser de ne rien rendre. Si les immeubles dépendant du domaine de l'Etat, des départements ou des communes sont exempts d'impôts, c'est, dira-t-on, parce qu'ils sont affectés à un service public. Est-ce que les immeubles dépendant du domaine des congrégations restent étrangers à un service de cette nature ? La congrégation dont je viens de parler, celle aux quatre cent mille francs d'impôts versés, congrégation d'hommes, soigne plus de trois mille malades, parmi lesquels plus de deux mille indigents ! Est-ce un service public, cela, ou une entreprise privée ? En tout cas, ce n'est pas *une affaire* qui ait jamais chances d'avoir son cours à la Bourse.

On fait un effroyable tapage autour de ce qu'on appelle la fortune inouïe des congrégations, le développement immense des biens de mainmorte, qui auraient triplé depuis trente ans, à ce point de devenir un péril économique et social sur lequel il n'est plus permis de fermer les yeux, et l'on ne s'aperçoit pas que, d'après ses propres indications, cette fausse mainmorte est plutôt destinée à se restreindre qu'à augmenter, tandis que la vraie, l'inaliénable, prend de colossales proportions faites pour s'accroître toujours.

M. Trouillot écrit : « Aux propriétés foncières occupées par les congrégations religieuses s'ajoute maintenant une fortune mobilière qui peut facilement délier toutes les évaluations statistiques et les minutieuses investigations du fisc. » Je ne suppose pas que l'on veuille considérer cette fortune mobilière qui, dans les imaginations, prend des dimensions fantastiques, comme rentrant dans les biens de mainmorte, par la raison qu'il n'y a rien de plus circulant, de plus nécessairement *mobile* que des valeurs *mobilières* ; dès lors que les congrégations ont à leur service cette admirable ressource, *défiant les plus minutieuses investigations du fisc*, comment comprendre que, relativement à la partie immobilière, elles ne se restreigniraient pas d'elles-mêmes à ce que divers projets de loi ont appelé « ce qui leur est strictement nécessaire ? » Les immeubles, autrefois, ce n'était pas seulement le luxe, le confort, c'était aussi la richesse ; aujourd'hui, c'est devenu la charge. Hier, cela relevait et honorait ; aujourd'hui, cela trahit et compromet.

Mais il en est bien autrement de la vraie mainmorte dont le flot va montant et montera sans cesse. Je ne veux pas parler de la portion immense du sol occupée par les voies publiques, ce qui, bien entendu, comprend les chemins de fer, lignes de tramways, etc., des sommes que représentent nos édifices publics de toute nature ; je ne veux m'occuper que d'une seule catégorie de biens de mainmorte, créée dans une période qui ne dépasse guère nos vingt dernières années, de la création d'écoles. Ce sont des centaines de millions que l'on a dépensés pour cette œuvre, c'est-à-dire un chiffre qui dépasse de beaucoup toute la fortune immobilière des congrégations, qui en est au moins le double ; on a ainsi accru dans d'énormes proportions et l'on accroît tous les jours la grande mainmorte, la vraie, l'implacable, et tout cela est bien, — *plaudite cives* ! — Mais qu'une association religieuse, pour donner l'enseignement à un plus grand nombre d'enfants pauvres, pour soigner quelques malades abandonnés de plus, c'est-à-dire pour faire le service de la charité à moindres frais, mais à meilleur dévouement, acquière quelque immeuble, les vents de toutes les colères se déchaînent, cela devient l'abomination de la désolation, péril social dont on n'a pas même le moyen de mesurer l'étendue, — ce qui pourrait bien faire qu'il n'existât pas, — et auquel on ne saurait échapper que par la destruction des associations religieuses elles-mêmes !

Par les passages extraits du rapport, on a pu voir quel effrayant tableau M. Trouillot fait de la fortune des congrégations ; à l'en croire, elles seraient en voie d'absorber une grande partie de la fortune de la France. « Il n'est personne, dit-il, qui ne puisse se rendre compte par son propre examen de l'énorme développement, de richesses que cette évaluation devra constater. » C'est précisément parce que chacun peut se rendre compte ; par son propre examen qu'on doit se demander si le tableau n'a pas été bien trop poussé aux couleurs sombres et ne tourne pas quelque peu, pour cela, à la fantasmagorie. Il y a d'abord ce que j'appellerai le côté extérieur, ce que tous les yeux peuvent saisir. Prenons Paris, notre grand, notre merveilleux Paris. A l'exception d'un quartier, d'ailleurs restreint, où l'on rencontre quelques rues que l'on appelle vulgairement des rues à communautés, est-ce que les regards des gens que cela peut offusquer sont gênés par la vue de croix trop nombreuses indiquant, comme on l'écrit quelquefois, « des boîtes à nonnes ou à moines » ; leurs oreilles sont-elles fatiguées par trop de tintements « annonçant les niaiseries de la superstition ? » Pourquoi comptent, dans l'immense fourmilière, quelques cornettes ou quelques robes de religieux ? Quelle place occupent dans la gigantesque cité, dans la colossale usine, les quelques refuges dans lesquels on prie en silence, où l'on travaille sans bruit, d'un travail dont la rémunération attendue n'est pas de celles que les hommes peuvent offrir ; que sont les quelques millions auxquels on peut évaluer ces refuges, en regard des incalculables milliards de richesse immobilière entassés dans ce qui est Paris ?

Et si l'on sort, de Paris et qu'on se mette à parcourir le pays dans toutes les directions, — ce qui aujourd'hui est facile et vite fait, — où sont les monastères d'autrefois que l'on rencontrait, pour ainsi parler, à chaque tournant de chemin ? Par-ci, par-là, on vous signale une abbaye où l'on fabrique de la liqueur, à moins qu'on n'y vende du chocolat, et dans les villes, les congrégations d'hommes sont presque une rareté, sinon une exception. Si bien que, lorsqu'on s'est rendu compte *par son propre examen*, on arrive comme nécessairement à ce résultat que ce formidable danger auquel nous serions exposés est exagération voulue ou terreurs d'esprits que les fantômes hantent et poursuivent.

Mais examinons de plus près, quittons le côté extérieur qui peut tromper ; tâchons, si c'est possible, d'arriver à des évaluations exactes. En 1880, les statistiques officielles estimaient à une centaine de millions les biens immeubles possédés par les congrégations non autorisées, dit M. Trouillot ; mais il croit que ce chiffre est sensiblement au-dessous de la vérité. Il a parfaitement raison ; je triple, je quadruple, pour faire bonne mesure. D'après des dominions recueillis et compulsés avec soin, la fortune immobilière possédée par les associations religieuses non autorisées peut être évaluée aux environs de trois à quatre cents millions. Quatre cents millions ! Mais cela est inférieur à un certain nombre de fortunes privées heureusement conduites ! Cela fait vivre des milliers d'associés, cela secourt, par centaines de mille, de pauvres gens, tandis que cela suffit, a peine à dorer certaines existences, entretenir la somptuosité des palais, garnir leurs cheminées, et l'on crie ! Quatre cents millions ! quand la fortune immobilière de la France est peut-être de deux cents milliards : Quatre cents millions ! Cela va suffire pour troubler, endormir, acheter les consciences de quarante millions d'hommes, pour nous faire sombrer demain dans le cagotisme ! Qui ne voit, si les choses continuent d'aller comme elles vont, d'ici peu un froc à la tête de la République ?

Section VIII

Et remarquez que, d'après un procédé devenu classique dans un certain inonde, on procède par bloc : on raisonne comme si les quatre cents millions, l'entière fortune des congrégations, étaient dans une seule main et à la disposition d'une seule volonté, tandis qu'ils sont répartis entre un nombre extrêmement considérable d'établissements, de sorte qu'ils ne représentent pour certains d'entre eux que d'insuffisantes ressources. Que si l'on voulait prétendre que celte division de la fortune congréganiste n'est qu'apparente, qu'en réalité tout se meut sous l'impulsion d'une même pensée, d'une même direction, on serait aussi loin que possible de la vérité. Là, comme ailleurs, j'allais presque dire plus qu'ailleurs, chacun pour soi ; les ressources acquises sont ressources de l'ordre, rien que de l'ordre, ressources de rétablissement, rien que de l'établissement ; on n'aide pas le voisin, ou ne prête pas au voisin, fût-il une bonne sœur ou un bon père. Caisse de dominicain n'est que caisse de dominicain, non caisse de jésuite ou de capucin. Et alors, qu'est-ce que cette pauvre puissance de quatre cents millions de la fortune mobilière et immobilière des congrégations ? Cela s'en va en poussière ; cela, comme action générale, devient misérable et nul. D'autant plus misérable et d'autant plus nul que la plus grande partie, et de beaucoup, des immeubles possédés par les associations religieuses appartiennent aux communautés de femmes, qui n'ont jamais fait et ne feront jamais que de pauvres et peu redoutables conjurés. Derrière ces grands mots : puissance financière, richesse mobilière et immobilière qui se développe au point d'avoir triplé depuis trente ans, péril économique et social sur lequel personne n'a le droit de fermer les yeux, il semble bien qu'en définitive, il y ait un épouvantail plutôt fait pour servir des haines que pour servir la vérité.

Section IX

Ce qui n'est point simplement un épouvantail, ce qui peut devenir la plus triste des réalités, ce sont les conséquences de l'œuvre de destruction poursuivie, si elle venait à aboutir. Œuvre de destruction, j'ai déjà justifié ce terme et j'en maintiens la rigoureuse exactitude.

Théophile Crépon

Les associations dont les membres vivent en commun doivent être autorisées par une loi. Les associations existantes au moment de la promulgation de la loi et qui n'auraient pas été autorisées ou reconnues devront l'être dans un délai de six mois ; les congrégations qui n'auront pas obtenu le bénéfice de l'autorisation légale devront disparaître ; c'est la mort décrétée, et c'est bien la mort que l'on veut. Mais, alors, on a prévu les suites de l'événement préparé et l'on est prêt à y pourvoir.

Parmi les congrégations destinées à disparaître, il y en a qui prêchent : eh bien ! elles ne prêcheront plus, et le mal ne sera pas si grand ; n'y a-t-il pas, pour enseigner le peuple, le clergé des paroisses ? — De ce côté, le mal sera plus grand qu'on ne pense : le clergé des paroisses, quel que soit son zèle, ne suffit pas à sa tâche, et il a toujours eu recours, pour l'aidera la remplir, aux précieux auxiliaires trouvés parmi les membres des congrégations ; eux disparus, c'est l'œuvre sacerdotale par excellence, c'est-à-dire la prédication des vérités religieuses, qui souffrira. Je m'arrête sur cette considération ; je me contente d'indiquer ce résultat, m'apercevant que cela suffit pour ceux dont la haine n'obscurcit pas le jugement, que cela, pour les autres, est de nature à les réjouir. Je ne tiens pas à leur procurer cette joie plus qu'il ne convient.

Il y a les congrégations qui enseignent : eh bien ! elles n'enseigneront plus ; nos maîtres enseigneront à leur place, et ce sera tout profit. — Que l'on trouve tout profit à fermer certaines maisons pour combler le vide des autres, qui en pourrait douter ? Que l'on ait un trop-plein de maîtres dont il serait agréable de trouver l'emploi, on le croit volontiers ; mais, d'abord, peut-être serait-il permis de songer à la liberté des familles, de demander qu'on leur reconnût le droit de choisir les maîtres chargés de remplir la mission sacrée d'élever leurs enfants ? Point : les enfants appartiennent à l'Etat avant d'appartenir aux pères et aux mères. — C'est la pure doctrine jacobine, elle ne se discute point ; ses adeptes ne sauraient être convertis ; passons donc, et contentons-nous du souci de savoir comment et où l'on abritera les centaines de milliers d'en fa ris aujourd'hui reçus dans les écoles congréganistes. On se mettra de nouveau à construire ; mais en attendant ? On recommencera la danse des millions ; alors, que parle-t-on de mainmorte, et comment ose-t-on la reprocher aux autres, quand on la pratique si largement soi-même ? Il n'y a qu'une chose certaine : c'est que l'on jettera dans tout un monde d'honnêtes gens un trouble profond ; que ces honnêtes gens, atteints au plus intime de leurs sentiments et de leurs affections, deviendront d'irréconciliables ennemis ; et cela peut être grave, parce qu'avec ce terrible suffrage universel, on n'est jamais sûr de rien, parce qu'il a de ces variations et de ces soubresauts qui défient les calculs les plus habiles, les prévisions les plus affinées.

Il y a les congrégations qui secourent. Par qui les remplacerez-vous ? J'en nomme une, les Frères de Saint-Jean-de-Dieu, qu'on aura peut-être reconnue quand je parlais d'une congrégation d'hommes soignant plus de trois mille malades, dont plus de deux mille indigents, aliénés, vieillards, enfants infirmes, aveugles. Ces deux mille indigents, qui les soignera ? Si l'on s'avisait de les déposer un jour sur la voie publique, d'ouvrir les cabanons de fous, croit-on qu'il suffirait d'un ou deux services de sergents de ville pour remettre les choses en ordre ? Je me permets de recommander aux âmes sensibles, comme on disait au siècle dernier, dans un langage qui doit être pieusement recueilli par les purs admirateurs de ces grands jours, une visite au numéro 223 de la rue Lecourbe ; elles trouveront là un spectacle fait pour émouvoir les cœurs les plus endurcis aux misères humaines, l'infirmité, la douleur prenant toutes les formes jusqu'à déconcerter l'esprit, tout en remuant profondément l'âme ; mais elles y verront aussi les dévouements admirables d'hommes éclairés et soutenus par la foi religieuse, ne reculant devant aucun soin, si répugnant soit-il, pansant les plaies du corps, soutenant et consolant les pauvres petites âmes d'enfants que l'angoisse torture, et parvenant encore à amener le rire sur des visages que la maladie a émaciés, que l'ulcère ronge et défigure. Ces hommes-là, qui prendra leur place ? Les Frères de Saint-Jean-de-Dieu ne sont ni autorisés ni reconnus. Des infirmiers largement rétribués ? Allons donc !... Peut-être des solidaristes, si quelque grand exemple leur était donné.

Il y a enfin les missionnaires, ces hommes admirables qui ne vont pas seulement porter au loin la parole évangélique, mais qui vont aussi y porter l'influence française, qui la font pénétrer et rayonner là où, sans eux, elle demeurerait inconnue. Merveilleuse armée, qui, en même temps qu'elle combat pour Dieu, combat pour la

France ; il aurait fallu la créer, si elle n'existait pas ; on la redoute, on nous l'envie ; sa disparition comblerait de joie nos rivaux, nos ennemis.

« Semez de la graine de missionnaire, » ont dit nos ambassadeurs, même les moins suspects de cléricalisme. Cette graine-là, on ne la veut plus semer, mais jeter au feu. Qui prendra le drapeau tombé des mains de ceux que l'on aura chassés ? Ces aventuriers qui, trop souvent, ne quittent la mère patrie que pour étaler plus librement le spectacle de leurs vices ?

— La graine de missionnaire, nous la conserverons ; un des nôtres n'a-t-il pas dit : « La guerre au cléricalisme n'est pas matière d'exportation ? »

— Vraiment ? Vous les gardiens de cette semence précieuse ! Ceux qui savent ce qu'elle exige de soins ne peuvent s'empêcher de rire d'une prétention pareille. Quand vous aurez coupé le tronc, comment voulez-vous que les branches continuent de vivre ? Ruine à ajouter à tant d'autres. Ruine ici, ruine là-bas, ruine partout. Il semble que nous ne soyons pas assez diminués et qu'il faille nous rapetisser encore.

Enfin, pour couronnement de l'édifice, la spoliation !

« ART. 14. Toutefois les associations rentrant dans les catégories prévues à l'article 11 seront considérées comme dissoutes, si, dans ce délai de six mois, elles n'ont pas rapporté l'autorisation exigée par cet article.

« Les valeurs appartenant aux membres des associations avant sa formation, ou qui leur seraient échues depuis, mais par la succession seulement, leur seront restituées.

« Les valeurs acquises à titre gratuit pourront être revendiquées par le donateur, ses héritiers ou ayans droit, ou par les héritiers ou ayants droit du testateur, pendant le délai d'un an à partir de la publication au *Journal officiel* du jugement de dissolution ou de l'acte de dissolution volontaire.

« *Passé ce délai, la propriété en sera acquise à l'État, ainsi que le surplus de l'actif, et affectée à la dotation d'une caisse de retraite des travailleurs.* »

A quoi bon discuter ces choses ? On ne discute pas le droit à la

Section IX

spoliation.

Arrêtons-nous et concluons :

Le droit d'association est un droit naturel, primordial. La liberté d'association, c'est le droit lui-même ; qui enlève celte liberté enlève le droit.

« Le but de toute association politique, a dit la *Déclaration des Droits de l'Homme* dans son article 2, est la conservation des droits naturels et imprescriptibles de l'homme. Ces droits sont la liberté, la propriété, la sûreté, la résistance à l'oppression. »

Si on ne me laisse pas plein et entier le droit de m'associer avec qui bon me semble, de vivre avec mon associé comme bon me semble, on m'atteint dans ma liberté, et quand je résiste, je résiste à l'oppression.

Cela est vrai pour toutes les associations ; on n'a pas le droit ; de distinguer entre elles : on n'a que le droit d'examiner l'objet de la société, de la déférer aux tribunaux si l'objet est illicite, criminel, de nature à troubler la paix publique.

« La loi, a encore dit la *Déclaration des Droits*, n'a le droit, de défendre que les actions nuisibles à la société. » (Art. 5.)

L'autorisation préalable imposée à l'association est la suppression du droit de s'associer. Si on l'impose aux uns et point aux autres, elle est une injustifiable inégalité ; si on l'impose aux associations dont l'objet est non seulement licite, mais pieux, comme de prier, de prêcher la foi, d'enseigner, de secourir, elle devient une révoltante iniquité, l'oppression.

L'examen de l'objet de l'association, la surveillance, au point de vue. de l'ordre public, de la mise en mouvement du jeu de toutes les forces sociales, peuvent autoriser à exiger de l'association, au moment où elle se forme, une déclaration faisant connaître son objet, ses statuts, le nom des membres qui la composent, ils ne peuvent pas permettre, cette déclaration faite, d'empêcher l'association de vivre.

La déclaration, qui permet de naître et de vivre, ne doit pas avoir pour conséquence l'acquisition de la personnalité civile ; la loi ne peut pas favoriser la création des biens de mainmorte, leur accroissement par dons·ou legs de biens devant rester dans le patrimoine des familles, et qui peut-être y seraient demeurés sans certaines interventions.

L'autorisation préalable par une loi, exigée pour toute association dont les membres vivent en commun, c'est la mort cherchée des congrégations d'hommes.

On prétend la justifier par l'action politique qu'elles exercent, par le développement démesuré de leur fortune mobilière et immobilière, par l'accroissement de la mainmorte, créant un vrai péril économique et social.

Ces reproches ne sont pas fondés.

L'action politique hostile des congrégations est nulle, d'abord parce qu'elle n'est pas cherchée ; ensuite parce que, le fût-elle, notre temps, notre vie sociale ne la comportent pas.

Pour ce qui est de la mainmorte, le reproche qu'on adresse aux congrégations est moins justifié encore. Les biens possédés par les congrégations non reconnues, sous la forme de sociétés civiles, ne constituent pas la vraie mainmorte ; n'étant pas inaliénables, ils sont en réalité dans le commerce. Ils se vendent, s'échangent, s'hypothèquent, paient l'impôt. La valeur de ces biens, répartie entre toutes les congrégations n'ayant qu'une existence de fait, forme, pour chacune d'elles, un maigre patrimoine, suffisant malaisément à l'existence d'un grand nombre. La propriété individuelle, c'est la propriété vraie, réelle ; nul bloc à faire. Conséquemment, la puissance financière des congrégations n'est qu'un fantôme, comme l'est le péril que cette puissance peut faire courir à nos institutions, à notre société démocratique. Conséquemment aussi, les mesures proposées contre elles sont injustes, vexatoires, oppressives.

C'est l'évidence, dira-t-on, mais à quoi cela sert-il ? Ce n'est pas devant une question de droit et de justice que l'on se trouve, mais bien devant de vieilles haines qui se veulent quand même assouvir, devant des passions de secte que le vent qui souffle rend chaque jour plus violentes et plus implacables. Comment et pourquoi discuter avec des adversaires que rien ne pourra convaincre ? Peines et efforts perdus : il n'y a de pires sourds que ceux qui ne veulent pas entendre. Je m'obstine à discuter quand même, d'abord parce que chez certains peut exister, si l'on peut, ainsi parler, la bonne foi de la haine, confondant dans un même sentiment la défense républicaine et l'horreur des congrégations ; à ceux-là je tiens encore à dire, à sincèrement affirmer que, du fait des congrégations, la République n'est pas en péril, que ceux qui demandent pour elles la loi commune, non le rôle de parias, n'entretiennent pas les noirs desseins dont on pourrait les croire capables. Ensuite, parce qu'il n'y a pas seulement des sectaires ; il y a la masse des esprits que la passion n'affole pas, et je ne consentirai jamais à croire que cette masse ne soit pas assez considérable pour qu'en lui parlant loyalement, honnêtement droit et justice, on ne puisse parvenir à établir en elle un courant de loyauté et d'honnêteté assez puissant pour qu'il impose silence aux sectaires eux-mêmes.

Allons-nous rentrer dans les querelles religieuses, dans ces luttes qui, troublant les consciences, secouant les âmes, agitent les sociétés jusque dans le tréfonds ? Y aura-t-il encore des persécutés et des proscrits ? Ne ; sommes-nous capables que d'inscrire le nom de la liberté sur nos murailles, sans pouvoir lui faire sa place ; dans nos cœurs ? La liberté ! Faudra-t-il que nous la voyions violée par ceux qui l'ont le plus hautement proclamée, que nous trouvions le droit méconnu par les fils des hommes qui, au début de ce grand mouvement de la Révolution française qu'on doit comprendre et respecter, l'ont magnifiquement déclaré ? N'avons-nous pas assez de causes de discordes ; faut-il en ajouter encore ?

En tout cas, comme ils étaient sages, ceux qui, en 1872, en 1883, écartaient des débats faits surtout pour rendre les divisions plus profondes, les haines plus acérées, pour amonceler de sombres nuages dans un ciel déjà bien assez chargé de tempêtes !

ISBN : 978-1545466681

www.ingramcontent.com/pod-product-compliance
Lightning Source LLC
Chambersburg PA
CBHW061450180526
45170CB00004B/1637